5 4 3 2   25 24 23 22

978-3-649-64003-5

© 2021 Coppenrath Verlag GmbH & Co. KG
Hafenweg 30, 48155 Münster, Germany
Alle Rechte vorbehalten

© an den Texten bei Hans Kruppa 2021

Der Autor bevorzugt die klassische Rechtschreibung.

Cover- und Gesamtgestaltung, Illustration, Satz:
Christina Kölsch | www.christinakoelsch.de

www.coppenrath.de

HANS KRUPPA

Wenn du es eilig hast, LASS DIR Zeit

SPIRITUELLE GESCHICHTEN UND GEDICHTE

COPPENRATH

Laß dir Zeit

Laß dich nicht hetzen,
wenn es auch anders geht.
Sei so frei, dich zu setzen,
wenn alles um dich herum aufsteht.

Richtig ist keine Frage
von alt oder neu.
Du bestimmst deine Lage.
Wenn du dich änderst, bleib dir treu.

Sei freundlich zu deinem Leben.
Halte dich immer für Gutes bereit.
Vergiß beim Nehmen nicht das Geben.
Bist du in Eile, laß dir Zeit.

Morgengedanken

Die Zeit langsamer machen,
die Eile ins Abseits schicken,
den Augenblick tief einatmen
und dem Lächeln gute Gründe geben.

Die Sonne an die Haut
und an die Seele lassen,
den Tag empfangen
wie einen lang vermißten Freund –
und innig umarmen.

Im Herz des Augenblicks

Im Herz des Augenblicks
bewegt sich die Zeit
ohne mich und dich,
und wir können
die Ewigkeit umarmen.

Im Herz des Augenblicks
gibt es kein Heiß und Kalt,
kein Jung und Alt –
alles ist gut, alles ist eins
in der Mitte des Seins.

Im Herz des Augenblicks
ist es die Kunst des wahren Glücks,
das bloße Atmen zu genießen
und zeitlos mit dem
Lebensfluß zu fließen.

Die Schwalbe und die Schildkröte

Eine Schwalbe beobachtete von einem Ast,
wie eine Schildkröte sich langsam vorwärts be-
wegte, und sie tat ihr leid.
»Kannst du nicht schneller gehen?« fragte sie.
»Nein«, erwiderte die Schildkröte, »aber ich
bin ganz zufrieden mit meiner Gangart. In der
Langsamkeit liegt viel Glück, in der Ruhe liegt viel
Kraft. Ich habe alle Zeit der Welt. Warum sollte ich
schneller gehen?«
»Weil Geschwindigkeit wunderbar ist«, schwärm-
te die Schwalbe. »Wenn ich am Himmel segle und
die verrücktesten Manöver fliege, dann spüre ich,
daß ich lebe, dann bin ich glücklich. Wenn ich wie
du so langsam am Boden herumkriechen müßte,
hätte ich nichts von meinem Leben, ich wäre
todunglücklich.«
»Ich freue mich für dich«, sagte die Schildkröte,
»und ich habe dich und deinesgleichen schon
oft bewundert, wenn ich euch am Himmel fliegen
sah. Aber wie gesagt: Ich bin glücklich mit mir, so
wie ich bin.«

»Das verstehe ich beim besten Willen nicht«,
gestand die Schwalbe.
»Ich verstehe dein Glück«, sagte die Schildkröte,
»aber du verstehst meins nicht. Woran mag das
liegen?«
Die Schwalbe dachte lange nach, doch sie fand
keine Antwort. Das gefiel ihr nicht, und deshalb
nahm sie sich vor, in Zukunft keine Gespräche
mehr mit Schildkröten zu führen.

Die Langsamkeit

Weise ist die Langsamkeit,
sie setzt die Tiefe des Erlebens frei.
Oberflächlich ist die Schnelligkeit,
rast wie blind an Schönheiten vorbei.

Die Gefahr der Schnelligkeit

Wenn die Dinge zu schnell geschehen,
kann man leicht das Wesentliche übersehen,
das große Ganze nicht verstehen
und in die falsche Richtung gehen.

Im Hier und Jetzt

Das Leben hat ein großes Angebot an Frust.
Folge dem Kompaß deiner Daseinslust,
dann kannst du es sehr gut umgehen
und weitaus bessere Offerten sehen.
Die Lust, die aus dem Augenblick entsteht,
man nennt sie auch Spontaneität,
hat einen intuitiven Durchblick
und führt dich instinktiv zum Glück.

Dem Glück, das jeder finden kann
im Hier und Jetzt, niemals im Irgendwann.
Es kann ein Zeichen sein am Wegesrand,
eine Flaschenpost am Alltagsstrand –
mit einem Brief darin, der dich beschenkt
und deine Schritte sicher lenkt
zu einem zauberhaften Garten,
in dem die schönsten Blumen auf dich warten.

Die Zeitgeschwindigkeit

Wo bleibt die Freude an der Langsamkeit
in unsrer immer schneller werdenden Zeit?
Mit stetig wachsender Geschwindigkeit
zerstört sie jede feinsinnige Behutsamkeit.

Suche die Stille

Suche die Stille, nimm sie in dich auf.
Fühle ihre tiefe, sanfte Pracht,
überlaß dich ihrem ruhigen Lauf –
und laß zu, was sie mit dir macht.

Die Stille ist viel größer, als sie scheint.
Erschließe sie dir Stück für Stück.
Was sie in sich vereint,
führt dich zu dir zurück.

Die Zeit ist fasziniert

Die Zeit gleicht einem Karussell,
dreht sich mal langsam, dann wieder schnell.
Bleibt irgendwann auf einmal stehen,
hört einfach auf, sich weiter zu drehen.

Weil etwas derart Magisches geschieht,
daß es ihre Aufmerksamkeit auf sich zieht:
dieses gewisse Etwas, das Liebe heißt
und so sanft und zärtlich Mauern niederreißt,

daß die Zeit ihre Bewegungspflicht vergißt,
weil sie von dem Geschehen so fasziniert ist,
das vor ihren Augen so berührend spielt,
daß sie innehält. Weil sie den Zauber fühlt.

Mehr ist es nicht

»Warum bist du immer so heiter?« fragte ein
Besucher den Meister, der die Siebzig schon
überschritten hatte. »Eigentlich müßtest du trau-
rig darüber sein, daß du nicht mehr so jung bist.
Daß du den besten Teil deines Lebens schon
hinter dir hast.«
Der Meister lächelte. »Der beste Teil meines
Lebens ist immer der, in dem ich mich gerade
befinde.«
»Viele wissen das und sind trotzdem betrübt«,
erwiderte der Besucher. »Was ist das Geheimnis
deines Glücks?«
»Daß ich keinen guten Augenblick vor der Tür
stehen, sondern in meine Seele eintreten lasse.
Meine Tür steht dem Leben immer offen. Wahr-
scheinlich ist es das, was mich in deinen Augen
als glücklich erscheinen läßt.«
»Mehr ist es nicht, als einfach den guten Augen-
blick zu empfangen?«

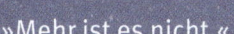

»Mehr ist es nicht.«
»Das klingt so einfach«, stellte der Besucher fest.
»Ist es aber nicht«, erklärte der Meister. »Denn
die Gedanken sind flatterhaft, schwirren ständig
in der Vergangenheit oder Zukunft herum. Und
schon schließt sich die Tür zum Augenblick, weil
man unwillkürlich seinen Gedanken folgt. Ich
habe gelernt, sie flattern zu lassen, ohne ihnen
hinterher zu schauen. Das ist alles.«

Nutze deine Zeit

Das Bewußtsein deiner Endlichkeit
sagt dir: Nutze deine Lebenszeit,
und zwar in vollen Zügen.
Laß dich nicht um sie betrügen,
gestalte sie mit Heiterkeit
und achtsamer Gelassenheit.
Schätze einen jeden Tag.
Was immer er auch bringen mag:
Bringe ihm Offenheit entgegen,
laß dich von ihm berühren und bewegen!

Hör niemals auf, dich zu entdecken,
schlafendes Potential in dir zu wecken.
Laß dich nicht blenden von dem Schein.
Versuche immer, du selbst zu sein.
Laß dich von Trends nicht in die Irre leiten,
denn du mußt nicht auf jeder Welle reiten.
Zähl nur auf das, was wirklich zählt.
Wähle nur das, was auch dich wählt.

Gelassenheit

Gelobt sei die Gelassenheit!
Sie läßt sich nicht verrückt machen.
Sie nimmt sich stattdessen die Zeit,
über die Verrücktheiten des Lebens zu lachen.

Lebensweise

Optimisten leben weiser als Skeptiker,
weil sie das Leben positiver sehen.
Gelassene leben leiser als Hektiker,
weil sie die Dinge ruhiger angehen.

Solange du an das Leben glaubst

»Warum sind so viele Menschen unglücklich?«
fragte eine junge Frau den Meister.
»Das kann viele Gründe haben«, entgegnete er.
»Einer der häufigsten liegt darin, daß sie nicht so
leben, wie sie leben sollten. Jeder Mensch ist ein-
zigartig und hat einen einzigartigen Lebensweg.
Doch wenn er diesen Weg nicht geht, sondern
aus Unsicherheit, Angst oder Bequemlichkeit in
die Fußstapfen anderer tritt, wird er unglück-
lich. Unglück ist oft nur ein anderes Wort für das
Verfehlen des eigenen Lebenssinnes. Sei so,
wie du gemeint bist, laß dich nicht verbiegen,
bleib deiner Seele treu – und das Glück wird dein
Freund sein!«
»Woran erkennt man glückliche und unglückli-
che Menschen? Viele verbergen ihr Unglück aus
Scham, und manche verstecken ihr Glück, um es
vor Neid und Mißgunst zu schützen«, sagte die
junge Frau.
»Man kann sie leicht voneinander unterschei-
den«, antwortete der Meister. »Unglückliche

fordern, Glückliche schenken. Unglückliche
wollen besitzen, Glückliche möchten lieben.
Unglückliche wollen bestimmen, Glückliche
lassen dem Leben seinen Lauf. Unglückliche
wollen Sicherheit, Glückliche suchen das Leben.
Unglückliche laufen der Zeit hinterher, Glückliche
gehen mit ihr Hand in Hand.«
Die Besucherin nickte lächelnd. »Warum habe ich
das Gefühl, daß das Leben selbst durch deinen
Mund zu mir spricht?«
Der Meister zuckte mit den Achseln. »Ich weiß
es nicht. Vielleicht, weil ich nie den Glauben an
das Leben verloren habe, obwohl ich gute Gründe
dafür gehabt hätte. Vielleicht, weil ich das Leben
immer geliebt habe, trotz aller Schicksalsschläge,
die ich hinnehmen mußte. Und wer muß sie nicht
hinnehmen? Jeder Mensch wird vom Leben ge-
schlagen, manchmal auch getreten, aber er darf
nie vergessen, daß er auch vom Leben umarmt
und geküßt wurde – oder noch werden kann. So-
lange du an das Leben glaubst, ist alles möglich.«

Gegengewicht

Dieses Gedicht ist
ein kleines Gegengewicht
auf der Schale der Waage,
auf der immer zuwenig liegt.
Ein Gegengewicht zum Autolärm,
zu überfüllten Wartezimmern,
ein Gegengewicht zu den Nachrichten,
zu Schlagzeilen und Schlagbäumen,
Hochstraßen und Dampfwalzen,
Herzinfarkt und Krebsverdacht.
Ein kleines Etwas,
so leicht wie der Wind.
Ich lege es vorsichtig auf die Waagschale
zu all den anderen leichten Dingen ...
Einen Moment erschien es mir,
als hätte sich etwas verändert.

Was zu tun ist

Zehnmal über den eigenen Schatten springen,
dabei *Somewhere over the rainbow* singen.
Unter dem leerem Geschwätz wegtauchen,
von dem einem die Ohren rauchen.

Der Poesie tausend Bäume pflanzen.
Beflügelt aus der Reihe tanzen.
Sich vor der Liebe tief verneigen
und dabei Anmut zeigen.

Die Leichtigkeit tief inhalieren
und mit ihr Menschen inspirieren.
Der Phantasie Ehre erweisen
und mit ihr über Geistesgrenzen reisen.

Der Schönheit einen Garten bauen.
Dem Schicksal in die Karten schauen.
Scheinbar Unmögliches möglich machen.
Nicht mit den Wölfen heulen. Sondern lachen.

Der Schneemann und die Krähe

Eine Krähe setzte sich auf den Kopf eines Schneemanns und fragte ihn: »Wie bist du in diesen Garten gekommen? Gestern warst du noch nicht hier!«

»Die Kinder im Haus haben mich heute morgen gebaut. Sie hatten große Freude dabei. Und jetzt habe ich große Freude an meinem unverhofften Leben.«

»Warum?« fragte die Krähe.

»Aus vielen Gründen.«

»Nenne mir ein paar!«

»Schau nur, wie wunderschön die Sonne auf der Schneedecke glitzert!« schwärmte der Schneemann. »Wie herrlich die Bäume aussehen, als wären alle ihre Äste und Zweige mit Puderzucker bestäubt worden! Wie zauberhaft das Himmelszelt leuchtet in seinem vollkommenen Blau!«

»Du weißt, daß deine Freude nur kurz sein wird«, mahnte die Krähe. »Genauer gesagt: nur so lange, wie der Frost sich hält. Und der hält sich in dieser Gegend selten länger als wenige Tage.«

»Dann freue ich mich auf diese wenigen Tage«,
sagte der Schneemann.
Die Krähe krächzte mißbilligend. »Ein so kurzes
Leben ist nicht viel wert. Kaum hat es richtig
angefangen, schon ist es wieder zu Ende.«
»Und wenn schon. Es kommt doch nicht auf die
Länge des Lebens an, sondern auf die Freude
daran. Ein glücklich verlebter Tag ist mehr wert
als ein unglücklich verbrachtes Jahr.«
»Das mag sein«, gestand die Krähe zu. »Aber je
mehr Freude du an deinem kurzen Leben hast,
desto trauriger wirst du sein, wenn du schmilzt.«
»Ich werde nicht traurig über das Unvermeidli-
che sein«, erklärte der Schneemann. »Ich werde
dankbar dafür sein, daß ich in Freude gelebt
habe.«
»Dankbar für ein paar Tage?« fragte die Krähe
skeptisch.
»Ja. Dankbar für jeden Tag, jede Stunde, jeden
Augenblick. Auch dankbar für die Begegnung
mit dir.«

Die Krähe schüttelte den Kopf. »Du bist ein hoffnungsloser Fall«, krächzte sie und flog davon. »Ich bin nicht hoffnungslos. Ich hoffe, du besuchst mich noch einmal, bevor der Frost endet«, rief der Schneemann ihr hinterher. »Denn auch du bist herrlich anzusehen in deinem schwarzen Gefieder vor dem Hintergrund der weißen Zauberwelt.«

Der größte Schatz

Ich wünsch dir
Freude und Glück –
und daß du niemals
deinen Weg verlierst;
daß du genug Gründe
zu lächeln und zu lachen hast,
aber auch die Traurigkeit verstehst,
wenn sie dir etwas sagen will –

und daß du immer mit Augen siehst,
die Liebe zu entdecken wissen,
denn sie ist der größte Schatz
in unserem Leben.

Diesen Tag genießen

Diesen Tag genießen,
mit seiner Strömung fließen.
Seinen Hügel besteigen,
auf seiner Geige geigen.
In seiner Sonne wandeln,
in seinem Sinne handeln.
Seine süßen Früchte essen,
das Dankbarsein nicht vergessen.
Seine Stunden freudig inhalieren,
keine einzige davon verlieren.
Sich den Tag zum Freund machen,
über seine Späße lachen.
Seine Chancen nutzen,
keine seiner Pflanzen stutzen.
Ihn ganz tief in sich aufnehmen
und sich über gar nichts grämen.

Der Tag glänzt wie ein Diamant.
Du hältst ihn in deiner Hand.

Tagesprogramm

Heute will ich
aus dem Rahmen fallen
und weich landen,
dann zu der Musik
in meinem Kopf
schön aus der Reihe tanzen,
mich zum Ausruhen
zwischen die Stühle setzen,
danach ein bißchen
gegen den Strom schwimmen,
unter allem Geschwätz wegtauchen
und am Ufer der Phantasie
so lange den Sonnenschein genießen,
bis dem Ernst des Lebens
das Lachen vergangen ist.

Eine Brücke bauen

Der Meister fragte einen Schüler, wie er den Tag verbracht hatte.

»So wie jeden anderen auch«, war die Antwort.

»Das ist unmöglich«, sagte der Meister. »Wie es keine zwei Menschen auf der Welt gibt, die sich in allem gleichen, gibt es keinen Tag, der einem anderen gleicht. Alles, was die Natur uns gibt, ist einzigartig.«

Beschämt von diesen Worten senkte der Schüler den Kopf.

»Und wie wirst du den heutigen Tag verbringen?« fragte der Meister.

»Im Bewußtsein seiner Einmaligkeit und mit wachen Sinnen für seine versteckten Schönheiten und Überraschungen«, war die Antwort des Schülers.

»Das hast du gut gesagt«, erwiderte der Meister. »Nun mußt du es aber auch gut tun. Denn die Kluft zwischen dem Vorsatz und dem Satz über die Kluft ist oft recht groß. Man muß ein guter Springer sein, um den Abgrund zu überwinden.

Oder sich eine Brücke bauen.«
»Aus welchem Material baut man eine solche
Brücke?« wollte der Schüler wissen.
»Aus Geistesgegenwärtigkeit und Geduld,
aus Mut und Heiterkeit«, war die Antwort des
Meisters.

Kleine Morgengymnastik

Ich stehe mit dem
richtigen Fuß auf,
öffne das
Fenster der Seele,
verbeuge mich vor allem,
was liebt,
wende mein Gesicht
der Sonne entgegen,
springe ein paarmal
über meinen Schatten
und lache mich gesund.

Lebensfreude

Lebensfreude ist der Honig des Lebens,
die Quelle des Gebens.
Lebensfreude macht die Sicht klar,
Lebensfreude ist unersetzbar.
Mit ihrer Heiterkeit
versüßt und verschönert sie deine Zeit.
Lebensfreude fördert Lebensliebe,
streut dem Mißmut Sand ins Getriebe.

Fühlst du sie, dann liegst du richtig,
denn kaum etwas ist so wichtig,
als möglichst oft mit ihr zu leben.
Wer sie fühlt, kann sie auch weitergeben.
Genießt du sie,
dann brauchst du keine Philosophie.
Gib dich ihr mit Leib und Seele hin:
Sie schenkt dir Kraft und deinem Leben Sinn.

Auch ein Scharlatan kann Gutes lehren

Eine junge Frau, die sich nach spirituellen Ein-
sichten sehnte, suchte ein Gespräch mit dem
Meister und erklärte ihr Kommen damit, daß
sein guter Ruf auch sie erreicht habe. »Viele sind
voll des Lobes über dich und preisen dich als
einen Menschen, von dem man unendlich viel
lernen kann. Ich bin zu dir gekommen, um mich
mit eigenen Augen und Ohren davon zu über-
zeugen. Ich suche einen wirklich guten Meister.
Denn schließlich kann ein Schüler nur so gut
sein, wie es sein Lehrer ist.«
»Oh nein«, widersprach der Meister, »ein Schü-
ler kann seinen Lehrer bei weitem übertreffen!«
»Wie soll das vor sich gehen?« fragte die Frau
verblüfft.
»Nicht weit von hier versammelt ein Scharlatan
viele Menschen mit spiritueller Sehnsucht um
sich. Er kann sehr gut mit der Sprache umgehen
und versteht es, wie alle Scharlatane, vortrefflich,

die Suchenden zu blenden. Doch das Licht, das
er zu senden vorgibt, ist kalte Finsternis. Und die
Weisheit, die er zu leben vorgibt, ist angelesen
und existiert nur in seinem Gedächtnis, nicht in
seiner Seele. Er ist eine wandelnde Lüge, doch
seine Schüler glauben an ihn und würden für
ihn durchs Feuer gehen. Die Überzeugungskraft
von Betrügern auf die Menschen ist bekanntlich
groß. Nicht nur im spirituellen Bereich.«
»Ich verstehe nicht, was du mir sagen willst«,
gestand die junge Frau.
»Ich habe es auch noch nicht gesagt«, erklärte
der Meister. »Bevor ein junger Mann den Weg zu
mir fand, war er fast ein Jahr bei jenem Scharla-
tan gewesen. Bis er ihn schließlich durchschau-
te. Aber er hat vorher trotzdem viel von ihm
gelernt. Viel Gutes!«
»Wie war das möglich?«
»Indem er die angelesenen Weisheiten des

Blenders in sich aufnahm, wo sie keimten, wuchsen und wunderbar erblühten«, erklärte der Meister. »Es war sein reines Herz und seine gute Seele, welche die nur so dahinge- sagten Worte des Betrügers zu wesentlichen und bedeutenden Einsichten machten. Wenn das Herz rein, das Gemüt arglos und die Seele eines Schülers liebevoll sind, kann er sogar von einem Scharlatan Wertvolles und Wesentliches lernen.«

Ein gutes Gedicht

Ein gutes Gedicht
bringt immer etwas Licht,
vor allem, wenn es dunkel ist
und man ein wenig Helligkeit vermißt.

Ein gutes Gedicht
ermöglicht immer bessere Sicht,
wenn dichter seelischer Nebel aufzieht
und man die Hand nicht mehr vor Augen sieht.

Ein gutes Gedicht
schafft immer ein hilfreiches Gegengewicht.
Man muß es nur auf die Gemütswaage legen –
und schon entfaltet sich sein Segen.

Wer in sich ruht

Wer in sich ruht,
kann anderen Erholung bieten.
Wer bei sich selbst
zu Hause ist,
kann andren ein
Gefühl von Heimat geben
und ihre Sehnsucht wecken
nach der Geborgenheit
im eigenen Inneren.

Weisheit zögert

Schnellwisserei offenbart Oberflächlichkeit.
Weisheit zögert, bevor sie spricht –
sie nimmt sich gern Bedenkzeit.
Und nur sie ermöglicht klare Sicht.

Intuition

Intuition ist die Intelligenz der Seele.
Sie kann Entwicklungen vorausspüren
und jedem den richtigen Rat geben,
der innerlich still genug ist,
um ihre leise Stimme zu hören.

Sie steht über
den Gesetzen von Raum und Zeit
und sieht mit Leichtigkeit
hinter die Kulissen
der sogenannten Wirklichkeit,
wo das wahre Spiel stattfindet.

Und du verstehst ohne Verstand,
du siehst ohne Augen,
du wirst bewegt,
weil du ganz ruhig bist.

Gute Gefühle

Gute Gefühle sollte man nicht kommentieren,
sonst kann man sie sehr schnell verlieren.

Man muß sie schweigend entfalten,
sonst können sie im Nu erkalten.

Gute Gefühle sind oft gegen Worte allergisch,
Worte sind ihnen manchmal zu energisch.

Vor guten Gefühlen muß man sich verneigen –
in tiefem, andächtigem Schweigen.

Die Freude innen

Die Freude innen
drängt nach außen,
will teilen, sich mitteilen.

Frühling schenkt sich der Stadt;
Sonne strahlt wilden Frohsinn aus,
erwärmt die Gemüter der Passanten.

Ich gehe ziellos durch die Straßen,
mische mich in den Menschenstrom,
öffne mein Lächeln allen,
die sich ihm nicht verschließen,
gebe und bekomme, komme an,
gehe weiter, gebe weiter,
fühle, was an Gutem möglich wäre
zwischen Fremden –
in einer Wirklichkeit,
in der die Herzen Freiheit leben.

Das innere Schweigen

Tiefer als die tiefsten Gedanken
geht das innere Schweigen.
Besser als die besten Erkenntnisse
ist die vollkommene Stille im Geist.
Schöner als die schönsten Bilder
ist die nackte Leere des Bewußtseins,
das Nichts, die Mittellosigkeit,
denn Leben versteht sich am tiefsten,
erkennt sich am besten,
erlebt sich am schönsten –
unmittelbar.

Worte, Gedanken und Bilder
sind nur Begleiter bis zu der Tür,
hinter der sich
ein grenzenloser Raum auftut,
in dem das Leben mit sich eins ist
und sein ursprüngliches Wesen
ungestört genießt.

Das schattenlose Licht

Mit lauter Stimme
redet der Kopf
am Eigentlichen vorbei.
Auch wer Gefühlen nachgeht,
wird früher oder später
seinen Weg verlieren,
denn das Denken kann
das Fühlen leicht verwirren.

Hört man die leise Stimme
der Seele nicht,
verirrt man sich im Labyrinth
unzähliger Gedankengänge
und Gefühlswege.

Weisheit ist nicht lehrbar

Zu einem Weisen kam ein reicher Mann, der fast alles in seinem Leben erreicht hatte, was man sich wünschen kann.

»Doch etwas fehlt mir«, gestand er. »Weisheit. Ich wäre auch bereit, gut dafür zu zahlen.«

Der Weise schmunzelte. »Behalte dein Geld, denn Weisheit ist nicht käuflich.«

»Würdest du sie mir denn schenken?« fragte der Reiche.

»Ja, das würde ich gern, aber Weisheit ist auch nicht verschenkbar.«

Der Besucher wirkte enttäuscht. »Dann kannst du sie mich vielleicht lehren?«

»Weisheit ist auch nicht lehrbar«, sagte der Weise. »Sie ist nur erlernbar. Du mußt sie schon selbst gewinnen.«

»Und wie?«

»Den ersten Schritt bist du ja schon gegangen. Du sehnst dich nach ihr. Laß diese Sehnsucht deine Führerin und dein Kompaß sein. Und dann begib dich auf den Weg ins Land deiner Seele.

Dort wirst du, wenn du unbeirrt suchst, Weisheit finden!«
»Tiefe Weisheit?«
»Weisheit«, war die Antwort, »die natürlich nur so tief sein kann, wie deine Seele es ist.«

Poesie ist ein Geschenk

Poesie ist ein Geschenk
um des Schenkens willen,
buchstäbliche Freigebigkeit,
selbstlose Freude
am Spiel mit Worten,
Rückkehr zur Unschuld
des Erkennens,
Sprache der Intuition,
die Zauber zu erwecken weiß.

Poesie entsteht,
wenn die Seele spricht
gegen das Vergessen
des eigentlichen Lebens
im sogenannten.

Leichtigkeit

Leichtigkeit ist unentbehrlich,
sie macht Spaß, sie hält jung.
Ohne sie wäre das Leben zu beschwerlich,
ihm fehlte der rechte Schwung.

Mit Leichtigkeit meistern wir Hürden,
überwinden Hindernisse, lösen Ketten,
die uns gefangen halten würden,
wenn wir die Leichtigkeit nicht hätten.

Leichtigkeit beflügelt und befreit.
Deshalb möchten wir sie nicht missen.
Wo wären wir ohne die Leichtigkeit?
Ich würde sagen: aufgeschmissen.

Das innere Kind

»Manchmal habe ich das Leben so satt!« klagte eine Frau ihrer besten Freundin. »Es besteht nur aus Wiederholungen! Den verdammten Wecker hören, aufstehen, duschen, sich anziehen, zur Arbeit fahren, nach Hause zurückkommen, Abendessen, Fernsehen – und wieder ins Bett gehen. Gut, nicht jeder Tag ist so, aber die allermeisten. Manchmal hab ich das Gefühl, daß ich gar nicht mehr ich selbst bin. Daß ich nur noch wie ein Roboter täglich aufs neue die gleichen Dinge tue, ohne zu spüren, daß ich wirklich lebe.«

»Ich weiß, was du meinst«, erwiderte ihre Freundin. »Es geht mir genauso. Ich habe noch vor kurzem darüber nachgedacht, was man machen kann, um sich gegen die Macht der ewigen Wiederholungen zu wehren.«

»Und – hast du etwas herausgefunden?«

»Ja. Man muß versuchen, das, was man zum tausendsten Mal tut, so zu tun, als wäre es das erste Mal.«

Ihre Freundin hob abwehrend die Hände. »Ja,
man kann natürlich so tun. Aber letztlich betrügt
man sich doch nur selbst, weil man genau weiß,
daß man es zum tausendsten Mal tut.«
»Nein!« erntete sie Widerspruch. »Wenn man
sich mit Haut und Haaren und mit offenen Sinnen
in die Situation hineinbegibt, dann ist da etwas,
das stärker ist als die Routine.«
»Und was ist das?«
»Ich weiß nicht, wie ich es nennen soll«, gestand
die Freundin und zuckte mit den Schultern.
»Versuche es!«
»Das innere Kind«, erwiderte sie nach längerem
Nachdenken. »Man muß den Augenblick mit den
Augen des Kindes betrachten, das man einmal
war, aber das man auch wieder sein kann, wenn
man sich ganz und gar auf die Gegenwart einläßt,
wie wir es als Kinder getan haben. Das gelingt
mir nicht immer. Aber wenn es mir gelingt, habe
ich das schöne Gefühl, aus dem ewigen Kreislauf
der Wiederholungen entkommen zu sein.«

Das Nichtstun

Das Nichtstun
tut viel für mich:
Es tut mir gut,
läßt mich zu mir kommen,
kommt zu mir
mit Stille und Inspiration,
ist verantwortlich
für viele Gedichte,
zu denen es mich führte,
ist aber auch sein eigener Sinn.

Nichtstun ist der Genuß
des bloßen Daseins.
Nichtstun ist immer ein Gewinn.

Wenn Worte überflüssig werden

Wenn Worte überflüssig werden,
weil der Augenblick
bis an den Rand
mit Sinn gefüllt ist,

beginnt das Leben
unwiderstehlich
von sich zu erzählen
und führt uns
mitten hinein in
faszinierende Geschichten –

wenn wir nur lauschen.

Keine Worte

Ein junger Mann fragte den Meister: »Wie kann ich die höchste Erkenntnis finden, die meinen Geist gelassen, mein Herz froh und meine Seele glücklich macht?«

»Indem du sie nicht suchst«, sagte der Weise. »Und indem du verlernst.«

Der Schüler runzelte die Stirn. »Ich dachte, ich komme zu dir, um etwas zu lernen. Nicht, um etwas zu verlernen.«

»Oft steht das Verlernen vor dem eigentlichen Lernen«, erwiderte der Meister. »Würdest du versuchen, ein Haus auf dem Wasser zu bauen?«

»Natürlich nicht«, sagte der Mann.

»So manches, was du in deinem Leben gelernt hast, ist wie das Wasser, auf dem du nicht das Haus der Glückseligkeit bauen würdest. Du mußt innerlich wieder wie ein Kind werden, das die Welt und das Leben völlig neu entdeckt. Wirf deine Denkgewohnheiten von dir ab. Befreie dich von allem, was du zu wissen glaubst. Mache dich zu einem unbeschriebenen Blatt. Dann komm wieder zu mir zurück. Und ich werde dir helfen.«

»Welche Worte wirst du dann auf dieses unbeschriebene Blatt schreiben?« fragte der Mann.

»Keine«, sagte der Meister. »Aber ich werde dir einen Stift schenken.«

Seitdem

Seit ich nicht mehr suche,
finde ich.

Seit ich nicht mehr warte,
werde ich gefunden.

Seit ich nicht mehr eile,
ist die Zeit auf meiner Seite.

Seit ich nicht mehr kämpfe,
gewinne ich.

Entdecke dich

Folge deinen Impulsen,
solange sie dich inspirieren.

Verwirkliche deine Ideen,
solange sie dich begeistern.

Lebe deine Gefühle,
solange sie leben.

Entdecke dich,
solange du lebst.

Eine andere Art zu beten

»Wie bete ich richtig?« fragte eine Frau einen Mönch.

»Suche dir einen ruhigen Ort, an dem du nicht gestört wirst. Setze oder lege dich hin und schließe die Augen. Und dann versuche, an nichts zu denken.«

»Das verstehe ich nicht. Ich dachte immer, Beten sei Kommunizieren. Und wenn ich Gott etwas sagen will, muß ich auch Gedanken bilden.«

»Das mußt du nicht. Gott kann in deine Seele sehen. Und das kann er am besten, wenn deine Gedanken stillstehen.«

»Gut«, sagte die Frau. »Ich denke an nichts. Und was mache ich dann?«

»Dann vergiß dich selbst. Mach dich zu einem leeren Gefäß. Vergiß die Zeit und den Ort, an dem du dich befindest. Aber schlaf dabei nicht ein. Bleib wach!«

»So habe ich noch nie gebetet«, gestand die Frau.

»Viele Menschen denken, Beten bedeutet, sich

von Gott etwas zu wünschen, für sich oder für andere Menschen. Reichtum, Liebe, Glück, Gesundheit. Gott ist nicht dazu da, die Wünsche der Menschen zu erfüllen. Aber wenn sich ihm jemand mit Herz und Seele öffnet, ohne ihn mit Wünschen zu bestürmen, kann er dir das Wertvollste geben, was er dir zu geben hat.«

»Und was ist das?«

»Das ist bei jedem Menschen etwas anderes.«

»Woher weißt du das?« wollte die Frau wissen.

»Weil ich es erlebt habe. Ich glaube, daß alle Menschen dies erleben können«, antwortete der Mönch.

Die Frau verließ ihn mit dem Gefühl, etwas Wertvolles von ihm empfangen zu haben, auch wenn sie dessen Sinn noch nicht verstand.

Das Pfauenauge

Wie das Pfauenauge heiter in der Luft gaukelt,
sich anmutig und ziellos durch den Tag schaukelt,
hier und dort von Blüten Nektar trinkt:
Das ist poetisch, das ist beschwingt,
so leicht, so zart, so mühelos –
das hat Klasse, das ist groß!

Dieses schöne Tier ist wirklich weise.
Es flattert frei, es fliegt ganz leise,
brummt nicht umher wie Hummeln oder Bienen
und kann dem Menschen als ein Vorbild dienen
beim Erlernen höherer Lebenskunst,
beim Erkennen des Poetischen im Alltagsdunst.

Tiefenentspannt

Tiefenentspannt in die Matratze sinken
und an gar nichts mehr denken.
Sich heiter aus dem Alltag ausklinken
und sich den Ernst des Lebens schenken.

Poesie

Das Leben ist voller versteckter Poesie.
Mit schnellen Schritten geht man an ihr vorbei.
Nur im Müßiggang entdeckt man sie.
Und ihre Schönheit setzt Glücksmomente frei.

Die eigene Wahrheit finden

»Wieviel Sinn hat mein Leben?« fragte ein Mann den Meister.

»So viel Sinn, wie du ihm zu verleihen vermagst.«

»Wie verleihe ich ihm möglichst viel Sinn?«

»Indem du möglichst glücklich lebst.«

»Und wie lebe ich möglichst glücklich?«

»Indem du deine wahren Bedürfnisse erkennst und sie befriedigst.«

»Und wie erkenne ich meine wahren Bedürfnisse?«

»Indem du dich selbst mit der gleichen Hartnäckigkeit und Beharrlichkeit befragst, wie du mich befragst.«

»Wie finde ich heraus, was mich glücklich macht?«

»Indem du dich erkennst. Indem du deine eigene Wahrheit findest. Jeder Mensch hat eine eigene Wahrheit, die sich von den Wahrheiten anderer Menschen unterscheidet. Es ist gar nicht so leicht, sie zu finden, doch man muß sie entdecken, um sich selbst zu finden.«

»Und wo soll ich nach ihr suchen?«

»In deiner Seele.«

»Und wenn ich sie nicht finde?«

»Du wirst sie finden! So beharrlich, wie du bist.«

»Erlaube mir noch eine letzte Frage: Gibt es eine gute Methode, die eigene Wahrheit zu finden?«

»Eine gute Methode ist: herauszufinden, was die eigene Wahrheit nicht ist. Auf dem Weg der Erkenntnis all dessen, was man nicht ist, findet man am Ende die eigene Wahrheit, das eigene Wesen, den eigenen Sinn. Niemand kann diesen Weg für dich gehen. Niemand kann dir deine Wahrheit erklären. Auch ich kann das nicht«, sagte der Meister. »Ein großer Fehler, den viele Menschen auf ihrer Suche machen, ist, die Wahrheit anderer Menschen für ihre eigene zu halten und in die Fußspuren anderer zu treten, anstatt eigene zu erzeugen.«

Wohin du auch gehst

Greife nicht nach dem Flüchtigen,
halte nicht fest am Fließenden,
taste nicht nach dem Unberührbaren,
verlasse dich nicht auf das Unwägbare,
erzwinge nicht das Unbeugsame,
verlange nicht das Unerreichbare.

Finde Sicherheit im Ungewissen,
entdecke Schönheit in der Vergänglichkeit,
erkenne die Wahrheit in diesem Augenblick,
erlebe Befreiung durch Gelassenheit,
mach dir die Heiterkeit zum Freund –

und Weisheit wird dich begleiten,
wohin du auch gehst.

In eigener Sache

Ich nehme mein Leben
in die Hand.
Leicht ist es
und gut zu fühlen.

Zeit gilt nicht,
wenn alles lauscht
und nur der Atem geht
wie sanfter Wind durchs Gras.

Ich schaue hoch.

Wer ich bin,
ist nicht zu sagen;
ich mache mir
keinen Vers auf mich;
kein Wort ist so grün
wie die Blätter der Bäume.

Ich bleibe auf dem Teppich
meiner Möglichkeiten
und hoffe, daß er fliegen lernt.

Das Ziel der Meditation

Ein Meditationsmeister wurde von einem neuen Schüler gefragt, wie man richtig meditiere.
»Jeder muß die für ihn richtige Meditationsweise selbst herausfinden«, antwortete der Meister.
»Der eine hält die Augen geschlossen, der andere läßt sie lieber offen. Der eine sitzt in strenger Haltung, der andere liegt entspannt auf dem Rücken. Der eine benutzt ein Mantra, der andere eine Klangschale. Der eine vertieft sich in Musik, der andere in ein Bild. Probiere alles aus und finde heraus, was für dich das Beste ist.«
»Und woran merke ich, daß es das Beste ist?« fragte der Schüler.
»Daran, daß du dich dabei vergißt«, sagte der Meister.
»Dann ist Selbstvergessenheit das Ziel der Meditation?« fragte der Schüler.
Der Meister schüttelte lächelnd den Kopf. »Das Ziel ist Ichvergessenheit – und dadurch erwachende Selbsterinnerung.«

Eine unüberlegte Antwort

Eine kluge Frau kam zum Meister, bedankte sich
dafür, daß er sie empfing, und sagte zu ihm:
»Ich habe nur eine Frage an dich. Eine einzige.
Deshalb überlege dir deine Antwort gut!«
»Ich überlege mir meine Antworten überhaupt
nicht. Niemals«, erklärte der Meister.
»Wieso?« fragte die Frau verwundert.
»Meine Antworten kommen aus meiner Seele.
Und meine Seele überlegt nicht, was sie antwor-
tet. Wie ein Schmetterling nicht überlegt, wohin
er fliegt.«
»Wie auch immer«, sagte die Besucherin.
»Meine Frage lautet: Wenn ich einen einzigen
Wunsch frei hätte, was sollte ich mir wün-
schen?«
»Wunschlosigkeit«, sagte der Meister.

Die Stimme der Seele

Die Stimme der Seele
ist die Stimme des Sinnes;
ihre Worte, wie auch ihr Schweigen,
nenne ich Wahrheit.
Wie oft gebe ich mich
ihr gegenüber wie ein Trotzkopf,
der es besser zu wissen meint!
Wie oft bin ich zu laut
in meinem Denken
und höre ihre feine Stimme nicht,
wenn sie zu mir spricht.

Ich werde geführt
von liebender Hand,
die mich nicht hält,
wenn ich mich von ihr löse
und in die Irre gehe.
Sie läßt mich ohne Sorge
auf Abwege geraten
und wartet geduldig
auf meine Rückkehr.

Sie braucht mich nicht –
und liebt mich doch:
So lerne ich,
auch sie zu lieben.
Sie weiß es besser –
und läßt mir dennoch freie Wahl:
So lerne ich,
immer genauer auf sie zu hören.

Sie gibt mir
alle Zeit der Welt:
So reife ich ihr
in Gelassenheit entgegen.

Am Ende wird
ihre Stimme meine sein,
mein Schweigen das ihre.

Vertrauen heilt

Ein älterer Mann kam zu einem Heiler und sagte zu ihm: »Ich komme zu dir wegen meiner chronischen Schulterschmerzen. Ich war schon bei verschiedenen Ärzten und Heilpraktikern, doch keiner von ihnen konnte mir helfen. Nun hat mir kürzlich ein Freund erzählt, daß du der beste Heiler weit und breit bist.«

»Das ist sehr schmeichelhaft«, erwiderte der Heiler, »aber ich glaube nicht, daß ich besser bin als andere.«

»Er sagte mir aber, daß du die meisten Erfolge erzielst!«

»Dein Freund mag recht haben, aber meine Erfolge rühren nicht daher, daß ich über größere Heilkräfte verfüge als meine Kollegen.«

Trotz dieser Worte verspürte der ältere Mann eine unerklärliche Zuversicht, daß gerade dieser Heiler ihm helfen würde. Und er sagte: »Aber wie erklärst du dir dann deine außergewöhnlichen Heilerfolge?«

»Sie haben nichts mit meiner Heilkunst zu tun, sondern damit, daß etwas an mir oder in mir ist, dem die Menschen gern und schnell ihr Vertrauen schenken. Vielleicht mein weißer Vollbart. Vielleicht meine tiefe Stimme. Vielleicht meine Augen. Vielleicht meine ruhige Art. Aus welchem Grund auch immer: Sie trauen mir zu, daß ich sie heilen kann, sie glauben an mich. Und dieses Vertrauen, dieser Glauben führt zu der ersehnten Heilung, nicht meine Künste. Denn Vertrauen und Glauben sind die größten Heiler.«

Ins Unbekannte

Ich bin ein Weg
ins Unbekannte –
jeder bewußte Atemzug
ist mir ein Schritt in unerforschtes Land.
Ich bin in fließender Bewegung
und nenne diese Bewegung Glück.
In mich hinein gehe ich mit dem Leben
auf eine Reise ohne Ende.
Ich bin der Weg,
und ich bin es, der ihn geht:
der Reisende ist seine eigene Reise –
verschmolzen sind beide zu einem Sinn.

Voller Geheimnis ist der Sinn,
sich selbst treu bleibend
in stetiger Veränderung,
manchmal zum Lachen reizend,
manchmal Andacht erweckend,
der keine Grenzen heilig sind.

Entgrenzung ist meine Bestimmung,
überall ist meine Heimat,
also nirgendwo.
Ungewißheit ist meine Sicherheit.
Was ich weiß, ist falsch.
Im Nichtwissen öffne ich
mich dem Wahren.

Das Mädchen und der Baum

Als das Mädchen den Baum in einem Vorgarten
am Ende der Straße zum ersten Mal sah, stand
er in voller Blüte und entzückte sie mit seiner
überwältigenden Schönheit.
Lange stand sie vor ihm, schaute in seine Krone
und bewunderte seine üppige Blütenpracht.
Dabei war es ihr auf einmal, als hätte der Baum
eine stille Bitte an sie.
Doch sie ließ ihn allein, ohne sich zu fragen, was
diese Bitte sein mochte.
Am nächsten Tag besuchte sie den Baum wieder
und ließ sich von seiner Herrlichkeit verzaubern.
Und erneut fühlte sie, daß er sie ganz leise um
etwas bat. Doch sie genoß seine Schönheit so
sehr, daß sie keinen Sinn für etwas anderes
hatte.
Und so war es auch bei ihren weiteren Besu-
chen.
Mit der Zeit wurde es für das Mädchen selbst-
verständlich, daß der blühende Baum auf sie
wartete, wenn sie sich nach seiner Nähe sehnte.

Und schließlich vergaß sie, daß es ihr am Anfang
so vorgekommen war, als würde er sie um etwas
bitten, denn er schien nichts zu brauchen. Er
wirkte wunschlos in seiner Pracht.
Unverhofft wurde das Mädchen krank, bekam
Fieber und mußte eine Woche lang das Bett
hüten.
Als sie wieder gesund war und das Haus ver-
lassen durfte, führte ihr erster Weg sie voller
Vorfreude zu dem Baum. Doch als sie ihn sah,
erschrak sie zutiefst: Er hatte alle Blüten verlo-
ren.
Sie wurde sehr traurig. Und plötzlich wurde ihr
bewußt, worum der Baum sie gebeten hatte: ihn
zu umarmen, solange er blühte.
Unter Tränen umarmte sie seinen Stamm, doch
insgeheim wußte sie, daß es zu spät dafür war.
Sie drückte ihre feuchte Wange sanft auf die
Rinde und hoffte, daß der Baum ihr verzeihen
würde.

Ein Teil von mir

Ich habe etwas gefunden,
das ich lange suchte.
Es wurde mir geschenkt
von höherer Hand.

Ich werde diese
Gabe des Himmels
nie mehr verlieren,
denn sie ist
ein Teil von mir.

Wer in sich geht

Nur wer sich
auf den Weg macht
in sich selbst
und immer weitergeht,
wird Schritt für Schritt
von andren Menschen
immer mehr verstehen,
womöglich mehr bald,
als sie selber von sich sehen.

Wer in sich geht,
geht gleichzeitig in andere,
denn die geheime
Einheit allen Lebens
offenbart sich in der Tiefe
der Selbstentdeckung.

Jeder ist seines Rätsels Lösung.

Am Ende der Lehre

Eine hübsche und kluge junge Frau suchte einen für seine Weisheit bekannten Mann auf und fragte ihn: »Was ist das Beste, das du mich lehren kannst?«

»Warum bist du zu mir gekommen?« fragte der Weise zurück.

»Weil du den Ruf hast, große Weisheit erlangt zu haben und ein gelassenes, friedliches und glückliches Leben zu führen.«

»Das ist mein Ruf«, sagte der Weise. »Doch wer bin ich?«

Die junge Frau sah ihn eine Weile an und überlegte sich ihre Antwort gut, weil sie sich keine Sympathien verscherzen wollte.

»Du bist kein junger Mann mehr«, sagte sie schließlich, »aber du hast die Ausstrahlung eines jungen Mannes. Du bist voller Lebenserfahrung, aber deine Augen sind so klar wie die eines Kindes. Du hast gelernt, daß manchen Menschen nicht zu trauen ist, doch du schaust mich mit einer Miene an, aus der Vertrauen spricht.«

»Du hast dich selbst schon viel gelehrt«, stellte der Weise fest. »Das Beste, was ich dich lehren kann, ist dir zu helfen, wie du dich noch mehr lehren kannst.«

»Und was wird am Ende dieser Lehre stehen?« fragte die Frau.

»Am Ende dieser Lehre wird ein Punkt stehen, kein Fragezeichen«, sagte der Weise. »Und du selbst wirst dort stehen. Mit einem Blick, der in der Unvollkommenheit des Lebens Vollkommenheit erkannt hat.«

So wichtig

Es ist so wichtig,
zu sich selbst zu stehen,
denn wer mit sich
in Zwietracht lebt,
der findet keinen Frieden
und keine Zeit,
sich zu vereinigen
mit dem geheimen Sinn,
der jedes Leben speist.

Wer sich nicht liebt
und nicht vertraut,
wird immer auf der Flucht
vor seinem eigenen Wesen sein,
von einem Abweg
auf den anderen geraten
und in einer Öde enden,
in der nicht einmal er selbst
sich ein Freund ist.

Geh mit dem Leben

Sei selbstbewußt,
dir deiner selbst bewußt.
Laß dich nicht beirren,
bleib bei deiner Wahrheit.
Auch wenn du viel verlierst –
verliere dich nie.

Sei wachsam,
aber verschließe dich nicht.
Sei großzügig,
aber vergeude dich nicht.
Geh mit dem Leben –
aber bleib dir treu.

Eine angemessene Lektion

Ein junger Mann, der sehr aufgeregt wirkte, klopfte an die Tür des Meisters und wurde von ihm empfangen.

»Ich bitte um deine Hilfe«, sagte er. »Mein vermeintlich bester Freund hat mich schmählich im Stich gelassen, als ich ihn dringend brauchte. Ich fühle mich so, als sei mir der Boden unter den Füßen weggezogen worden. Als würde ich fallen, immer tiefer fallen. Das ist ein schreckliches Gefühl. Was soll ich nur tun?«

»Einen wirklichen Freund können wir nicht verlieren. Er ist uns so sicher wie das eigene Wesen. Du hast dich in diesem Mann getäuscht, das ist alles.«

»Mehr kannst du mir nicht sagen?«

»Doch. Freue dich über deine Enttäuschung! Auch wenn sie ein furchtbares Gefühl in dir erweckt hat.«

Der Besucher wirkte verständnislos. »Kannst du mir bitte erklären, warum ich mich darüber freuen soll?«

»Weil eine Enttäuschung immer das Ende einer Täuschung ist, ein Schritt in die Klarheit, ein Triumph der Wahrheit.«

»Das mag ja stimmen«, gestand der junge Mann ein. »Aber das gibt mir nicht den Boden zurück, den ich unter meinen Füßen verloren habe.«

»Der Boden, auf dem du zu stehen glaubtest, war nur eine Illusion. Der Boden, auf dem du landen wirst, wenn dein Fall der Enttäuschung beendet ist, ist ein echter Boden. Einer, auf den du dich verlassen kannst.«

»Ich werde nie wieder einem Menschen mein Vertrauen schenken«, murmelte der junge Mann bitter.

Der Meister schüttelte mißbilligend den Kopf. »Über das Ziel hinauszuschießen ist genauso schlimm, wie es nicht zu erreichen. Geh nach Hause, beerdige deine Illusion, leiste die notwendige Trauerarbeit und lerne angemessen aus deiner Erfahrung.«

»Was heißt in diesem Fall angemessen?« fragte
der Enttäuschte.

»Einen Freund aufzugeben, der keiner war, ist
eine angemessene Lektion. Unangemessen
wäre es, den Glauben an die Freundschaft
aufzugeben. Und einem Menschen, der in der
Zukunft ein wirklicher Freund werden könnte,
aus Verbitterung nicht mehr die Möglichkeit
dazu zu geben.«

Die Gabe des Glücks

Ist das Glück so etwas wie eine Gabe,
genetisch oder wie auch immer bedingt?
Eine Gabe, die ich habe oder nicht habe,
wie trostlos das auch für alle klingt,
die eigentlich glücklich sein müßten,
etwa weil sie Geld in Hülle und Fülle besitzen,
also ein materiell reiches Leben fristen,
und doch erfolglos dem Glück hinterherflitzen,
das sich aus Geld nun mal nichts macht,
um das sich angeblich doch alles dreht,
sondern allein dem Menschen lacht,
der sich aufs Glücklichsein versteht.

Besondere Geschenke

Ein armer junger Mann ging zu dem Haus einer reichen alten Frau, klopfte an ihre Tür und bat sie um ein Almosen.

Die Reiche schenkte ihm eine große Goldmünze. Als der Bettler seine Sprache wiedergefunden hatte, sagte er: »Aber das ist doch kein Almosen! Von dieser Goldmünze kann ich ein ganzes Jahr lang leben. Das ist ein sehr großes Geschenk, das ich nicht verdient habe!«

»Deine Bescheidenheit gefällt mir«, sagte die reiche Frau und schenkte ihm zwei weitere große Goldmünzen, die er nach längerem Zögern annahm, völlig verblüfft von solcher Großzügigkeit.

»Nun kannst du drei Jahre lang von diesen Münzen leben, mußt dir keine Sorgen mehr machen und kannst dein Leben genießen. Ist das nicht schön?«

»Ja«, sagte der junge Mann, »das ist sehr schön. Aber ich wüßte noch etwas Schöneres, das du mir schenken könntest.«

»Sag mir, was du dir noch wünschst!«

»Schenk mir die Großzügigkeit deines Herzens!«
bat der Bettler.
Die alte Frau lächelte. »Dies ist ein wunderbarer
Wunsch«, sagte sie, »aber den kann ich dir nicht
erfüllen. Es gibt besondere Geschenke, die ein
Mensch sich nur selbst machen kann. Es gibt
besondere Wünsche, die sich ein Mensch nur
selbst erfüllen kann. Du hast nun drei Jahre Zeit,
dir das Geschenk der Großherzigkeit selbst zu
machen.«

Gegenseitigkeit

Nur wer an Wunder glaubt,
wird Wunder erleben.

Nur wer der Liebe vertraut,
wird der Liebe begegnen.

Nur wer sich dem Leben hingibt,
dem wird sich das Leben schenken.

Liebe ist immer richtig

Liebe ist immer richtig.
Liebe ist immer wichtig.
Wie immer sie auch wem erscheint:
Liebe ist gut und gut gemeint.

Liebe hat tausend Gesichter.
In einem jeden leuchten Lichter,
die nicht von dieser Welt scheinen –
und doch alles in sich vereinen,
was Träumen Wirklichkeit verleiht
und in sich gefangene Sehnsucht befreit.

Liebe ist immer unentbehrlich.
Manche behaupten, sie sei gefährlich –
ein Risiko, das ihnen widerstrebe.
Als ob es im Leben Sicherheit gäbe!
Und da es die nun einmal nicht gibt,
ist jeder im Irrtum, der die Liebe nicht liebt.

Die Reise ist das Ziel

Eine Frau besuchte einen Weisen und stellte ihm die Frage: »Ist es wichtig, sich ein Ziel in seinem Leben zu setzen und es geradlinig zu verfolgen, oder ist die Reise das eigentliche Ziel?«
Der Weise lächelte. »Welchen Sinn hat es, mit starr nach vorn gerichtetem Blick durch die Landschaften des Lebens zu gehen, immer ein Ziel vor Augen, das es auf kürzestem Weg zu erreichen gilt, und dabei Blumen zu zertreten, ohne es zu merken? Wenn du das Leben wirklich erkennen willst, schaue immer wieder nach links und rechts, nach oben und nach unten. Bleibe auch öfter stehen, um einen schönen Augenblick oder Anblick mit allen Sinnen zu genießen. Laß dich von deinen Eingebungen und Stimmungen führen und achte nicht auf die Geradlinigkeit deiner Schritte. Versuche einfach, deinen Weg dem Fluß des Lebens anzupassen. Solange du dir selbst nahe bleibst, wirst du dich nicht verirren. Verliere nie die Verbindung zu deinem inneren Licht, das den dunkelsten Stunden ihren Schrecken nimmt.«

Laß alle Feuer brennen

Laß alle Feuer brennen,
lösch keins aus!
Wir brauchen alle,
sie müssen flackern, leuchten,
damit die Nacht zum Tag wird,
das Vielleicht zum Ja,
der Wunsch zum Leben.

Der Glückliche sucht nicht

Eine Frau in den mittleren Jahren fragte einen weisen Mann: »Warum ist das Glück wie ein Regenbogen, wie ein Sonnenuntergang, wie eine Sternschnuppe? Großartig, wunderbar, doch viel zu schnell vorbei. Warum kann es nicht so sein wie das Tageslicht, wie das Gras, wie die Bäume? Immer da, jeden Augenblick sichtbar, jeden Tag zu erleben.«

»Aber das ist es doch«, sagte der Weise und lächelte. »Das Glück ist wie dein eigener Atem. Es ist immer anwesend, immer zugänglich.«

»Nein«, widersprach die Besucherin energisch. »Es ist selten und vergänglich. Und es vergeht immer zu schnell. Ich habe einige Männer geliebt in meinem Leben. Jeder von ihnen hat mich auf seine Weise glücklich gemacht, doch nach einer Weile ging das Glück fort und hinterließ nur Leere und Traurigkeit. Und die Sehnsucht danach, es noch einmal zu erleben.«

»Wir sprechen nicht von derselben Art von Glück«, stellte der Weise fest. »Du sprichst vom erfüllten

Verlangen, das uns durchaus glücklich machen kann. Doch diese Art von Glück ist nur von kurzer Dauer. Es ist im Grunde nur gesättigtes Verlangen, das sich schon bald wieder auf die Suche nach neuen Zielen begibt.«

»Ist Glück denn nicht immer gesättigtes Verlangen?« fragte die Frau.

»Nein. Wahres Glück ist die Befreiung vom Verlangen. Es sucht nicht, sondern hat gefunden. Es geht nicht auf Reisen, sondern bleibt, wo es ist. Es verlangt nicht, sondern ist zufrieden mit dem, was es hat«, erklärte der Meister. »Wenn du das liebst, was du hast, bist du glücklich. Wenn du das liebst, was du haben willst, bist du solange unglücklich, bis du es hast. So machst du dich zum Sklaven deiner Begierden. Der Glückliche ist ein freier Mensch. Er findet das, was der Verlangende an anderen Orten und in der Zukunft sucht, im Hier und Jetzt. Das macht ihn unabhängig, macht ihn frei. Das macht ihn glücklich. Der Glückliche sucht nicht – weil er gefunden hat.«

Das Leichtere

Es ist leichter zu denken
als zu fühlen –
leichter, Fehler zu machen,
als das Richtige zu tun.

Es ist leichter zu kritisieren
als zu verstehen –
leichter, Angst zu haben
als Mut.

Es ist leichter zu schlafen
als zu leben –
leichter zu feilschen,
als einfach zu geben.

Es ist leichter zu bleiben,
was man geworden ist,
als zu werden,
was man im Grunde ist.

Die Angst vorm Fliegen

Die größte Feindin der Liebe,
der Erkenntnis und der Weisheit
ist die Angst vor dem Neuen,
dem Unbekannten, Unberechenbaren –
also letztlich vor dem Leben.

Doch welchen Sinn hat es,
Angst vor dem zu haben,
was uns geboren hat
und was uns sterben läßt?

Kein Vogel hat Angst vorm Fliegen.
Deine Seele will fliegen, muß fliegen,
um sich nicht selbst zu vergessen.
Hindere sie nicht daran
mit deiner Angst vorm Absturz,
sonst verkümmern ihre Flügel.

Und du wirst traurig,
ohne zu wissen warum.

Drei Mütter und ihre Söhne

Drei Mütter saßen an einem Tisch eines Straßencafés und tranken Tee, während ihre drei Söhne an einem anderen Tisch saßen und Eis aßen.

»Mein Sohn ist der Intelligenteste in seiner Klasse«, sagte die erste Mutter. »Er hat den besten Zensurendurchschnitt. Ich bin sehr stolz auf ihn! Er wird sicher einmal ein großer und bekannter Wissenschaftler!«

»Mein Sohn ist mit Abstand der Beste im Sport«, sagte die zweite Mutter. »Am allerbesten spielt er Tennis. Er schlägt schon jetzt Gegner, die doppelt so alt sind wie er. Später einmal wird er ein berühmter Tennisprofi und sehr viel Geld verdienen!«

Die dritte Mutter sagte nichts.

Als die erste sie fragte, warum sie nichts über ihren Sohn erzähle, antwortete sie: »Nun ja, was soll ich über ihn sagen? Er tut sich durch nichts hervor.«

Die anderen beiden Mütter lächelten, und in ihrem Lächeln lag eine gewisse Überheblichkeit.

Ein gebrechlicher alter Mann mit einem Geh-
stock ging langsam und mühselig an dem
Straßencafé vorbei, stolperte plötzlich über eine
unebene Steinplatte des Gehwegs und fiel der
Länge nach auf den Rasen eines Vorgartens.
Bevor irgendjemand der Besucher des Straßen-
cafés darauf reagierte, eilte der Junge, über den
seine Mutter gesagt hatte, er würde sich durch
nichts hervortun, auf den alten Mann zu und half
ihm wieder auf die Beine.
»Ach ja«, sagte seine Mutter und lächelte nun
ihrerseits, aber ohne Überheblichkeit. »Das
hätte ich über ihn sagen sollen: Er hat das Herz
am rechten Fleck!«

Lebenszeitmaß

Ich liebe,
also bin ich.

Und wenn ich
hundert Jahre alt werde:
gelebt habe ich nur
in den Zeiten,
in denen ich liebte.

Lebe intensiv

Lebe intensiv, sei immer seelisch präsent,
halte den schönen Moment zärtlich fest –
damit die Zeit nicht an dir vorüberrennt,
sondern sich liebend gern auf dich einläßt.

Der Sinn vereint

Die Welt der Sinne
ist nicht die Welt des Sinns.

Die Augen sehen nicht
das verborgene Licht,
die Ohren hören nicht
die lautlose Musik,
die Fingerspitzen fühlen nicht
die ursprüngliche Gestalt,
die Zunge schmeckt nicht
die Nahrung der Seele,
die Nase riecht nicht
den Duft des Unvergänglichen.

Die Sinne sind begrenzt,
der Sinn ist grenzenlos.
Die Sinne trennen,
der Sinn vereint
den Erkennenden mit der Erkenntnis,
den Schenkenden mit dem Geschenk,
den Liebenden mit der Liebe.

Staunen

Wenn unser Staunen
grenzenlos ist,
weil die Wirklichkeit dem Wunsch
zutraulich aus der Hand frißt,

dann ist es Zeit,
das Sprachliche zu segnen,
um dem Wunderbaren
grenzenlos sprachlos zu begegnen.

Durch Wut lernen

Ein Mädchen kam übermütig ins Zimmer des
Meisters hereingerannt und stieß sich mit dem
Ellenbogen schmerzhaft an einem Schrank.
»Blöder Schrank!« schrie das Mädchen wütend
und trat gegen das Möbelstück.
»Kinder!« sagte ein Besucher zum Meister.
»Nein. Menschen!« entgegnete der Meister. »Wir
suchen immer nach einem Schuldigen, wenn et-
was schiefgelaufen ist. Sogar noch, wenn es offen-
sichtlich ist, daß wir selbst die Schuldigen sind.
Schuld hat immer der oder die oder das andere.«
»Wie können wir dies vermeiden?«
»Durch Aufmerksamkeit, Bewußtheit und Gelas-
senheit. Wenn wir uns an irgendetwas wehtun, an
einem Gegenstand, einem Vorgang oder einem
Menschen, sollten wir uns zuallererst fragen, ob
es nicht unsere eigene Schuld war. Und wenn Wut
in uns aufkommt, sollten wir ihre Kraft dazu nut-
zen, uns unseren Fehler einzugestehen, aus ihm
zu lernen und in Zukunft bewußter und wacher zu
leben.«

Geflogen

Geflogen über dem Trübsinn,
den quadratischen, einfarbigen
Parzellen des Alltäglichen,
hoch über dem Lebenskampf,
dem lauten Rennen
um die vermeintlich besten Plätze.

Das Gefühl leicht wie ein Traum,
tief wie ein Lächeln,
das schöner spricht
als der größte Dichter
zwischen seinen besten Zeilen.

Im Schweigen ist
das Leben noch ganz.

Jahresprogramm

Das neue Jahr wie einen
guten alten Freund umarmen,
der viel Freude im Gepäck hat,
und jedem Tag die Chance geben,
unvergeßlich gut zu werden,
mit heiterer Gelassenheit
durch die Wochen und Monate gehen,
mit offenen Augen die kleinen Schätze
am Wegesrand der großen Reise sehen,
sie mit lächelnder Seele aufheben
und keinen Tag vor dem Abend aufgeben.

Das eigentliche Leben

Das eigentliche Leben
liegt in der Tiefe
des Empfindens –
unter der Oberfläche
der Alltäglichkeit.
Über der Oberfläche
ist alles Sein
nichts als ein Schatten
seiner selbst –
im trügerischen Licht
der Gewohnheit.

Wie leicht ist es zu leben,
ohne wirklich zu sein.
Wie selten triumphiert
das Eigentliche über den Schein.

Dieses Verhältnis umzukehren,
liegt an uns allein.

Zwei Antworten auf dieselbe Frage

Am Ufer eines Teichs saß ein Frosch und quakte vergnügt vor sich hin.

Da landete ein Vogel neben ihm. Der Frosch fragte ihn: »Was ist das für ein Gefühl, wenn man fliegen kann?«

»Och, nichts Besonderes. Ich stoße mich vom Boden ab, bewege meine Flügel, komme gut voran und erreiche meine Ziele viel schneller als zu Fuß«, antwortete der Vogel und flog davon.

Kurze Zeit darauf landete ein anderer Vogel neben dem Frosch. Auch diesen fragte er: »Was ist das für ein Gefühl, wenn man fliegen kann?«

»Oh, das ist einfach wunderbar! Ein berauschendes Gefühl der Freiheit! Eine unsterbliche Liebe zum Wind. Pures Glück! Es gibt nichts Schöneres! Fliegen ist für mich der Sinn des Lebens«, schwärmte der Vogel und flog davon.

Gelassenheit ist Trumpf

Gelassenheit ist Trumpf,
heute, morgen, immer,
denn das Schlimme kann schlimmer
werden, das Klare nebulös und dumpf.
Gelassenheit gegenüber Dingen,
die sich nicht ändern,
weder zentral noch an den Rändern:
Dingen, die nichts Gutes bringen.

Leben ist das, was wir daraus machen.
Manches ist nicht unbedingt zum Lachen.
Gelassen läßt es sich besser ertragen,
schlägt nicht so hart auf den Magen –
oder wohin ungute Kräfte sonst gern zielen.
Gelassenheit schwächt ihren Willen,
nimmt ihnen die Zielsicherheit.
Gelassenheit ist blitzgescheit.

Manches mußt du gelassen sehen,
um seine Wichtigtuerei gut zu erkennen.
Laß es doch einfach gehen,
anstatt ihm hinterher zu rennen.
Mit Gelassenheit an deiner Seite
erklimmst du das Hohe, umfaßt das Weite,
verlierst auch mit schlechten Karten nicht
und rückst die Dinge in ein besseres Licht.

Wenn du meinst

»Das Leben ist sinnlos«, sagte ein Besucher zu
dem Meister.
»Wenn du meinst.«
»Wenn es mir mal gutgeht, passiert garantiert
etwas, wodurch es mir wieder schlechtgeht.
Wenn ich dringend etwas Glück gebrauchen
könnte, habe ich bestimmt wieder mal Pech.
Und wenn ich mir vom Leben wünsche, daß es
mich mal ein bißchen, nur ein kleines bißchen
verwöhnt, ist es besonders hart zu mir.«
»Wenn du meinst.«
»Und so geht es wohl allen Menschen, nicht
nur mir. Zumindest all denen, mit denen ich
in letzter Zeit gesprochen habe. Der eine ist
chronisch krank, der andere hat Liebeskummer,
der dritte hat Geldsorgen, der vierte hat Ärger
mit dem Nachbarn, der fünfte wird auf seinem
Arbeitsplatz schikaniert, der sechste kann sein
Haus nicht mehr abbezahlen, der siebte wird
von seiner Frau betrogen, der achte hat Depres-
sionen. Und so weiter. Ist das nicht furchtbar?

Das Leben ist eine einzige Zumutung!«
»Wenn du meinst.«
»Mehr hast du mir nicht zu sagen?« fragte der
Mann empört. »Ich habe eine Tagesreise auf
mich genommen, um mit dir zu sprechen, weil
du als der weiseste Mann weit und breit giltst.
Und nun wiederholst du wie ein Papagei ständig
die dieselben Worte. Wenn du meinst, wenn du
meinst, wenn du meinst. Ist das die Essenz
deiner vielgerühmten Weisheit?«
»Wenn du meinst.«
Verärgert sprang der Mann auf und ging zur Tür.
Nachdem er sie geöffnet hatte, drehte er sich
um und sagte mit unverhohlener Wut: »Und
ich hatte mir erhofft, etwas von dir zu lernen!«
»Wie soll das möglich sein?« erwiderte der
Meister. »Du weißt doch schon alles!«

Oasen der Erinnerung

Die üppige Wiese am Hang
im heiteren Maisonnenlicht
mit ihren hohen Grashalmen
und unzähligen Butterblumen,
die der leichte Wind
so anmutig zum Tanzen bringt –
dieses prächtige Grün
voller gelber Punkte
ist nichts als Schönheit.

Es gibt Oasen
in jeder Wüste,
es gibt Idyllen
in jeder Nüchternheit,
es gibt zauberhafte Orte,
an denen man
alles vergessen kann,
was man vergessen muß,
um sich zu erinnern.

Tief innen

Tief innen
ist ein Reich,
in dem die Macht
der Zeit gebrochen ist,
und kein Gedanke,
keine Regung der Gefühle
stört das Erleben reiner Gegenwärtigkeit.

Nirgendwo sonst bin ich geborgen
als hier, wo alle Wünsche,
alle Sorgen enden,
wo meine Sehnsucht
lächelnd ihre Augen schließt
und sich zur Ruhe legt.

Und ich küsse
ihr zufriedenes Gesicht
mit den Blicken meiner Dankbarkeit.

Der neue Tag

Gehe möglichst sorglos
und offen in den neuen Tag,
begrüße ihn ohne Vorurteile
und sei immer darauf gefaßt,
daß etwas Unfaßbares geschieht.

Glücksgründe

Das gute Buch weiterlesen,
das ich gestern begonnen habe.
Den köstlichen Geschmack der Mango
und der Weintrauben genießen.
An einen Menschen denken,
mit dem vielleicht doch noch
Schönes zu erleben wäre.
Mich freuen, daß der Schnee
schon fast geschmolzen ist
und die Tage wieder länger werden,
daß ich frei bin und mich
wohl in meiner Haut fühle,
daß ich nicht mehr haben will
als das, was ich habe,
und nichts anderes sein will
als das, was ich bin.

Der Traum

Ein hochbegabter junger Mathematiker forsch-
te nach einer Formel, so genial, daß sie die
gesamte Fachwelt in Erstaunen versetzen und
der Mathematik dort eine Tür öffnen würde, wo
bislang eine endlos hohe und lange Mauer ein
Weiterkommen unmöglich machte. Er spürte,
daß er dazu bestimmt war, diese Formel zu ent-
decken, und scheute auf der Suche nach ihr kei-
nen noch so steilen, steinigen Weg, keine noch
so große, an die Grenzen seiner Kraft gehende
Anstrengung.

Es war ihm manchmal, als stünde er kurz vor ih-
rer Entdeckung, doch dieses Empfinden hatte er
schon vor Jahren gehabt. Immer mehr beschlich
ihn das Gefühl, daß die Formel sich umso weiter
von ihm entfernte, je mehr er sich ihr näherte –
als würde sie ein Spiel mit ihm treiben.

Doch die Schuld an seinem Scheitern gab er
allein sich selbst. Seine Formel spielte nicht mit
ihm. Sie existierte irgendwo im Universum der
Mathematik wie ein unentdeckter Planet, den

er mit seinem Teleskop bislang nicht entdecken konnte. Sie entzog sich seinem forschenden Blick, sie widerstand seinen beharrlichen Annäherungsversuchen, sie war auf keinem Weg zu finden, den er ging. Und er ging viele, und alle waren kräftezehrend.

Schließlich kam der Tag, an dem er aufgab. Er war ein alter Mann geworden und hatte den größten Teil seiner Lebenskraft einer Ahnung, einem Gefühl, einer Hoffnung geopfert, die sich als Illusion entpuppt hatte. Die Formel gab es schlicht und einfach nicht. Und wenn es sie doch gab, reichten seine Fähigkeiten nicht aus, sie zu finden.

Er war nicht verbittert, aber maßlos enttäuscht und traurig über die unwiederbringlich verlorene Lebenszeit, die seine gescheiterte Suche ihn gekostet hatte. Schweren Herzens beendete er sie, ließ sie los und gab den letzten Rest an Zuversicht auf, an dem er noch festgehalten hatte.

In der folgenden Nacht hatte er einen Traum, in dem ihm ein Mädchen erschien, das ihm einen

Briefumschlag gab und mit einem heiteren Lächeln zu ihm sagte: »Der seltene Schmetterling setzt sich nicht auf die Faust des Kämpfers, sondern auf die Blüte im Haar der Tänzerin.«
Verzaubert vom Lächeln des Mädchens öffnete er den Umschlag und zog einen Zettel daraus hervor, auf dem eine mathematische Formel stand, die ihm aus einem unerfindlichen Grund als sehr wichtig erschien. Er erwachte und schrieb sie im Halbschlaf auf den Notizblock, der immer auf seinem Nachttisch lag. Gleich darauf sank er wieder in tiefen Schlaf.
Als er am nächsten Morgen aufstand, hatte er seinen Traum vergessen. Erst am frühen Nachmittag, als er sich eine Viertelstunde auf sein Bett legen wollte, fiel sein Blick auf den Notizblock.
Auf den ersten Blick erkannte er: Dort stand schwarz auf weiß die Formel, die er sein Leben lang gesucht hatte. Sein Traum hatte sie ihm geschenkt. Und wenn er die Worte des Mädchens richtig interpretierte, war er an der Entdeckung der Formel gescheitert, weil er sie zu sehr gesucht hatte.

Aufgebrochen

Aufgebrochen
ist das Saatkorn
neuer Möglichkeiten,
zerstört das Gehäuse
trügerischer Sicherheit.

Zart und schwach noch
wächst der Keim
der Oberfläche zu,
doch schon erfüllt
von Vorfreude
auf ungehinderte Entfaltung –

dem Licht
einer Welt entgegen,
die seinem Wachstum
keine Grenzen setzt.

Dann schon

Gib deine Hoffnung auf,
sie paßt mit der Wirklichkeit
nicht unter einen Hut,
hat sich schon längst
als Illusion entpuppt,
als sinnloser Kreislauf.
Niemand bekommt all das,
wonach er sich sehnt –
aber was ist daran so schlimm?

Das Leben ist
voller Vergeblichkeiten.
Entscheidend ist,
sie möglichst schnell zu erkennen
und sich von ihnen zu lösen.

Dann ist das Leben
voller Möglichkeiten.

Der Weg zur Freude

Willst du den Weg
zur Freude gehen?
Dann zieh dir die Schuhe
des Vertrauens an,
die Jacke der Zuversicht,
setz dir den Hut
des Mutes auf
und steck dir
die Schlüssel der Geduld
und der Gelassenheit
in die Tasche,
mit denen du die Türen
zum Glück öffnest.

Das Spiel der Flammen

Zwei Pensionäre, die schon ihr Leben lang befreundet waren, saßen bei einem Glas Wein gemütlich am Kaminfeuer.

»Alles geht den Bach runter«, sagte der eine mit betrübter Miene.

»Wie meinst du das?«

»Nicht nur der Körper läßt nach, auch die Gefühle werden schwächer. So wie ich zu körperlichen Anstrengungen, die ich als junger Mann leicht gemeistert habe, heute nicht mehr fähig bin, ist auch meine emotionale Kraft geschwunden. Große Gefühle sind etwas für junge Menschen, nicht mehr für uns alte.«

»Was den Körper betrifft, stimme ich dir zu«, erwiderte sein Freund. »Aber die Kraft des Herzens läßt nicht nach im Alter. Man kann als alter Mensch noch ebenso intensiv lieben wie als junger.«

»Ach, du machst dir doch nur etwas vor, anstatt dem Kräfteschwund auf allen Ebenen ins Gesicht zu schauen«, hielt ihm der andere entgegen.

»Aber manchmal ist es ja auch hilfreich, sich ein

bißchen selbst zu belügen.«

»Ich mache mir nichts vor«, stellte sein Freund fest. »Ich habe nur einen Trick, der sehr gut funktioniert.«

»Magst du ihn mir verraten?«

»Gern«, sagte der andere und lachte. »Ich verliebe mich jeden Tag aufs neue.«

»Ach komm! Das glaubst du doch selber nicht.«

»Ins Leben«, präzisierte der Freund. »Jeden Morgen, wenn ich aufstehe, sage ich mir: Dieser Tag ist einzigartig! Einen Tag wie heute habe ich noch nie erlebt! Er ist neu und frisch. Er könnte wunderschön sein. Und er wird um so schöner sein, je offener ich auf ihn zugehe und je zärtlicher ich mit ihm umgehe.«

Ein langes Schweigen entstand, in dem nur das Knistern des Feuers im Kamin zu hören war. Wie gebannt blickten die beiden alten Freunde in das Spiel der Flammen, das immer neue Formen annahm, das sich in keiner einzigen Regung wiederholte und mit immer neuen Bewegungen tanzte.

Im Haus meines Lebens

Im Haus meines Lebens
soll Heiterkeit herrschen,
Freude, Musik und Tanz.
Leichtigkeit soll die Zimmer erfüllen,
Lebenslust in der Luft liegen
und Wärme durch die Fenster strömen.

Meinen geliebten Gästen
soll es ein Stück Heimat sein,
ein Ort des Friedens und der Harmonie,
den sie erfrischt und gestärkt verlassen –
mit dem Wunsch,
bald wiederzukehren.

Im Haus meines Lebens
soll Zuversicht wohnen,
Schönheit alle Wände durchdringen
und Poesie in allen Räumen wirken.

Es sei denn

Ein Unglück kann sich
als ein Glück herausstellen,
ein Glück kann Unglück bringen.
Das Schlechte kann
den Weg ins Gute öffnen,
das Gute die Tür ins Schlechte.
Gewiß ist nur die Ungewißheit,
verläßlich allein der Wandel.

Das Leben weiß es besser als wir –
es sei denn, wir sind eins mit ihm.

Glück kommt gern unverhofft

Eine Frau saß auf ihrem Sofa, dachte über ihr
Leben nach und wunderte sich, wie schnell
doch ihre Kindheit und Jugend vergangen waren:
wesentlich schneller, als sie sich das vorgestellt
hatte.

Sie stand in der Mitte ihres Lebens und hatte
das ungute Gefühl, die zweite Hälfte ihrer Le-
benszeit würde weniger schön werden, als die
erste es gewesen war. Denn in ihren jüngeren
Jahren war ihre Seele von Träumen inspiriert
gewesen, die ihr wunderbare und intensive
Erlebnisse schenkten, auch wenn die meisten
von ihnen sich nach und nach als Illusionen
entpuppt hatten.

Diese Erkenntnis betrübte sie und machte sich
in allen Winkeln ihres Gemütes breit. Um auf an-
dere Gedanken zu kommen, beschloß sie, einen
Spaziergang im nahegelegenen Park zu machen.
Doch die besänftigende, erfrischende, aufhei-
ternde Wirkung, die der weitläufige Park mit
seinen hohen alten Bäumen und gewundenen

Wasserläufen immer auf sie hatte, blieb diesmal
aus, als wollte die Traurigkeit über die Unwieder-
bringlichkeit der verlorenen Zeit nicht aus ihrem
Herzen weichen.

Als sie schon enttäuscht auf dem Rückweg zu
ihrer Wohnung war, öffneten sich überraschend
die Wolkenschichten am Himmel. Die Sonne
strahlte warm und hell auf den Park hinab und
tauchte alles in ein freundliches, warmes Licht.
Die Frau blieb unwillkürlich stehen, hielt den
Atem an und hob den Blick.

Und plötzlich, von einem Moment auf den
anderen, sah sie die Erhabenheit der weißen
Wolken am Himmel, entdeckte die Schönheit der
Blumen am Wegesrand, genoß die majestäti-
sche Pracht der alten Bäume. Und ganz tief in ihr
veränderte sich etwas.

Unverhofft fiel ein Schleier in ihrem Bewußt-
sein. Sie spürte ganz deutlich das Glück, das
sie umgab, in sie einfloß und sie erfüllte. Und
sie erkannte, daß sie dieses Glück einfach nur

deshalb nicht wahrgenommen hatte, weil sie
zu sehr und zu intensiv mit der Trauer über ihre
verlorene Jugend beschäftigt gewesen war.
Es mag ja sein, dachte sie, daß die erste Lebens-
hälfte besser als die zweite ist, aber wenn ich
mir diesen Gedanken zur Gewohnheit mache,
übersehe ich die Sehenswürdigkeiten und
verpasse die Glücksmöglichkeiten, die mir die
zweite Lebenshälfte bieten wird.
Während ein Lächeln sich auf ihr Gesicht legte,
stieg vom Grund ihrer Seele ein Gefühl auf,
das sie sanft bei der Hand nahm und zu einer
Erkenntnis führte, die ihr Lächeln noch verstärk-
te: Glück ist der Blick hinter den Schleier der
gewohnten Wahrnehmung, der Blick hinter die
Kulissen des Alltäglichen, der Blick ins Herz des
Lebens.

Auf der Hand

Das Glück liegt
auf der Hand.

Unsichtbar,
man muß es nur sichten.
Ungreifbar,
man muß es nur begreifen.
Verborgen,
man muß es nur bergen.

Das Glück liegt
auf der Hand –
solange sie sich nicht
zur Faust schließt.

Wie gern

Wie gern würde ich
unter Menschen leben,
die das Schloß vor ihrem Herzen
längst weggeworfen haben
und frei atmen.

Es wäre schön,
sich zu begegnen
ohne Angst und ohne Masken,
sich zu erkennen
vom ersten Augenblick an
und wenig Worte machen zu müssen,
weil Seelen sich viel leichter
im Schweigen einander schenken.

Die Gefahr der Schnelligkeit

Wenn die Dinge zu schnell geschehen,
kann man leicht das Wesentliche übersehen,
das große Ganze nicht verstehen
und in die falsche Richtung gehen.

Den Menschen geben, was sie verdienen

»Die Menschen, die ich kenne, sind so unter-
schiedlich«, sagte ein Besucher zum Meister.
»Manche wirken gleichgültig, andere sind
ängstlich. Manche sind so ernst, als hätten sie
das Lachen verlernt, andere wirken so bedrückt,
als würden sie das Gewicht der ganzen Welt
auf ihren Schultern tragen. Manche erscheinen
mir so hilflos, so mutlos, andere bringen mich
mit ihren Lügen zur Verzweiflung. Wie kann ich
ihnen allen nur gerecht werden?«
»Sei freundlich zu den Gleichgültigen, und
du wirst sehen, daß deine Freundlichkeit sie
ansteckt«, riet ihm der Meister. »Sei herzlich
zu den Ängstlichen, und du wirst merken, daß
deine Herzlichkeit ihnen Mut macht. Gehe
fröhlich mit den allzu Ernsten um, und du wirst
feststellen, daß deine Fröhlichkeit sie aufhei-
tert. Schenke den Bedrückten Zuversicht, und
du wirst spüren, daß ihr Gemüt sich aufhellt.

Hilf den Hilflosen, ermutige die Mutlosen und versuche, die Lügner zu verstehen, bevor du sie verurteilst.«

Der Besucher nickte. »Ich will mein Bestes geben, aber ich frage mich, ob meine Kräfte ausreichen werden.«

»Sie werden ausreichen, wenn du sie nicht vergeudest. Gib den Menschen nicht mehr, als sie verdienen. Sei geduldig, aber nicht zu denen, die deine Geduld nur ausnutzen. Sei großzügig, aber nicht zu denen, die deine Großzügigkeit mit Geiz erwidern. Offenbare deine Gefühle, aber nicht jenen, die bloß mit ihnen spielen. Gieße das Wasser deines Lebens nicht in Fässer ohne Boden. Gieße es auf die Erde, in der die Blumen des Herzens wachsen.«

Ans Licht

Sag deiner Seele,
sie soll ihr
schönstes Kleid tragen
heute abend.
Sag ihr,
es ist soweit:
Die Sterne haben
ihren Segen gegeben.
Was nun geschieht,
führt näher ans Licht.

Glückwünsche

Ich wünsche dir Glück,
deinem Herzen Liebe,
deiner Seele Höhenflüge,
deinem Leben den besten Weg,
deinem Denken Weisheit
und deinem Handeln Mut.

Und ich wünsche dir Zeit,
denn sie ist der Atem der Freiheit.

DER AUTOR

Hans Kruppa ist einer der meistgelesenen deutschen Dichter und Erzähler. Seine Gedichte und Märchen, Aphorismen und Kurzgeschichten, Erzählungen und Romane hat er in mehr als hundert Büchern mit einer Gesamtauflage von über zwei Millionen Exemplaren veröffentlicht. Einige seiner Bücher erschienen in anderen Sprachen. Für sein schriftstellerisches Werk wurde er mit dem New Yorker Otto-Mainzer-Preis ausgezeichnet. Er lebt als freier Schriftsteller in Bremen.

Mehr Informationen: www.hans-kruppa.de

»Schreiben ist für mich Berufung und Beruf, Leidenschaft und Abenteuer, Schaffensfreude und Erkenntnisfindung. Es ist ein Teil meines Lebens und meiner Lebensqualität. Alles, was ich liebe, was mich fasziniert, betrifft und berührt, was mich vor Fragen stellt und nach Antworten verlangt, fließt früher oder später in meine Bücher. Daß sie so viele Menschen inspirieren, erfüllt mich mit Freude.«

Hans Kruppa